AF277067

ALEMANIA Y LOS ANTIALEMANES

ROSA CAGUL
AZOZOMOX

Legu, kopiu, diskonigu, reverku,
kantu, muzikigu, kriu, recitu
êi Libron, Diskonigu la Ideon!

*Llegiu, copieu, difoneu, reescriviu,
canteu, musiqueu, crideu, reciteu
aquest Llibre, Difoneu la Idea!*

*Alemania y los antialemanes:
entre el fetichismo, el fascismo y el genocidio.
El Estado imperialista y la "izquierda" sionista*
Texto: Rosa Cagul / Azozomox
Edición: Jordi Maíz | Raúl Montilla | Curro Rodríguez
Devenir n. 03, 11x16 cm, 74 p., 2025

Basado en la edición chilena publicada por las amigas de
Pensamiento y Batalla, 2025

CALUMNIA EDICIONS
info@calumnia-edicions.net

CUADERNOS DE CONTRAHISTORIA
cuadernoscontrahistoria@gmail.com

diciembre de 2025
ISBN 979-13-991244-1-5
DL: PM 01021-2025

ALEMANIA Y LOS ANTIALEMANES

ENTRE EL FETICHISMO, EL FASCISMO
Y EL GENOCIDIO.
EL ESTADO IMPERIALISTA Y LA *IZQUIERDA* SIONISTA

ROSA CAGUL
AZOZOMOX

PRESENTACIÓN

Este texto lo hemos traducido a propósito de la visita a la región chilena de un compañero que milita en el colectivo *Anarchists for Palestine* de Berlín, quien nos facilitó varios documentos en inglés que han sido difundidos por miembr@s de su grupo, entre los que figura este ensayo sobre la polémica corriente *antideutsche* [«antialemana»]. Además, publicamos esta traducción porque nos llama profundamente la atención que muchísimos grupos anarquistas y autónomos alemanes guarden silencio o ignoren deliberadamente la calculada gestión del genocidio llevada adelante por el Estado de Israel contra la población gazatí desde hace dos años, la cual ya ha cobrado la vida de decenas de miles de seres humanos, en su gran mayoría mujeres y niñ@s.

La «cuestión Palestina» ha dividido aguas entre los espacios radicales en diversos puntos del globo, pero en Alemania, debido a ciertas particularidades del medio ultraizquierdista (anarquista, autónomo, comunista, antifa, feminista, queer, etc.), no deja de resultar bastante curioso que existan quienes se pongan activamente del lado de un régimen colonial tan brutal como el sionista. Much@s se sorprendieron cuando el FC St. Pauli y la famosa okupa Rote Flora —ambos de la ciudad de Hamburgo—, emitieron comunicados apoyando incondicionalmente a Israel, en donde se tachaba cualquier crítica a las barbaridades perpetradas por las IDF de «antisemitismo», sin embargo, la historia de la relación de una parte del movimiento antagonista alemán con el sionismo es algo que se remonta a por lo menos principios de la década de los '90, aunque un viejo artículo de Moishe Postone, titulado «Antisemitismo y nacionalsocialismo», fue muy influyente para el desarrollo de esta ideología.

De la génesis, desarrollo y actualidad de esta tendencia, que incluso ya se encuentra integrada al aparato estatal y al mundo académico oficial, dan cuenta l@s compañer@s de *Anarchists for Palestine*. Pero también, del profundo racismo, militarismo e islamofobia que defienden sin tapujos sus promotor@s y defensor@s.

Pensamiento & Batalla,
octubre 2025

ALEMANIA Y LOS ANTIALEMANES: ENTRE EL FETICHISMO, EL FASCISMO Y EL GENOCIDIO

El Estado imperialista y la *izquierda* sionista

ALEMANIA-ISRAEL: DEPENDENCIA HISTÓRICA Y ABSOLUCIÓN MORAL

El fascismo en Alemania causó una gran destrucción y asestó un golpe duradero a las estructuras emancipadoras. También representó una ruptura histórica, sobre todo porque miles de socialistas, anarquistas y comunistas fueron asesinad@s, y millones de judí@s, sinti, romaníes, personas negras, queer y discapacitadas fueron exterminad@s. El movimiento obrero histórico fue aplastado y los grupos revolucionarios disueltos. La sociedad alemana también desempeñó un papel central en la perpetración de estos crímenes. Hubo un quiebre generacional durante y después del fascismo, pero no se produjo una verdadera reevaluación de la ideología fascista. L@s nazis permanecieron en el poder incluso después de 1945, y la policía alemana de la posguerra siguió utilizando los archivos nazis. La Alemania dividida fue repartida entre las potencias vencedoras y desmilitarizada. Había perdido su reputación en el Occidente imperialista.

Un acuerdo de reparaciones firmado en 1952 entre Israel y la República Federal de Alemania-RFA, entre David Ben-Gurión y el antisemita Konrad Adenauer, sentó las bases de la actual lealtad del Estado alemán hacia Israel. A través del fascismo, la guerra mundial y Auschwitz, Alemania se había excluido a sí misma de la comunidad occidental de Estados y había perdido su supremacía imperialista. La recién fundada RFA fue desmilitarizada. El llamado «Plan Morgenthau» de Churchill y Roosevelt preveía la transformación de Alemania Occidental en un Estado agrario. Para rehabilitarse, Israel ofreció una constelación única que condujo a una simbiosis vital. Alemania recibió la absolución moral en este sentido. Israel pudo garantizar el desarrollo de la industria. La RFA proporcionó ayuda financiera, pero también bienes industriales por valor de billones. Más tarde, también suministró armas y equipo militar. Para la RFA, se trataba de una medida estratégica para impulsar la industria armamentística alemana. Israel necesitaba fondos para industrializar la región ocupada. Alemania era casi el único país dispuesto a apoyar este desarrollo. Estados Unidos sólo comenzó a apoyar incondicionalmente a Israel dos décadas más tarde.

Alemania encontró la absolución en Israel por las atrocidades del nacionalsocialismo. Pudo presentarse como un Estado desnazificado, mientras que l@s antigu@s nazis reconstruían la República Federal de Alemania y ocupaban los mismos cargos. Casi 300 antigu@s nazis ocuparon escaños en los parlamentos alemanes después de 1945. «Alemania ha vinculado causalmente su existencia al Estado israelí, y si Israel marcha directamente hacia el fascismo, esto armoniza maravillosamente con el proyecto alemán de reestructuración autoritaria del Estado»[1]. Cuanto más brutal, inhumano y fascista actúa el Estado israelí, más agresivamente luchará el Estado alemán contra las voces que denuncian las mentiras alemanas. La imagen que tiene de sí mismo se está desmoronando y se está haciendo todo lo posible por mantenerla.

«Para Europa, formaríamos una pieza del muro contra Asia, proporcionaríamos el servicio de avanzada de la cultura contra la barbarie. Como Estado neutral, permaneceríamos en contacto constante con toda Europa, lo que aseguraría nuestra existencia» (Theodor Herzl, 1860-1904).

En la República Democrática Alemana-RDA, existían vínculos fuertes, estratégicos, con la lucha por la liberación de Palestina. Proporcionaba ayuda militar, humanitaria y económica a Palestina. La oficina de la Organización para la Liberación de Palestina (OLP) en Berlín Oriental obtuvo estatus diplomático en 1980. En la década de 1980, la relación se intensificó aún más. El líder de la OLP, Arafat, visitó Berlín Oriental en repetidas ocasiones. «Los objetivos comunicados al mundo exterior eran también en gran medida idénticos: la coexistencia pacífica, la lucha contra el imperialismo, la independencia nacional y el derecho de los pueblos a la autodeterminación»[2].

En 1988, un futuro Estado de Palestina se habría considerado parte de la esfera de influencia soviética. Previamente, la relación había sido bastante vacilante, ya que los dirigentes de la RDA no querían tocar el tema del derecho de Israel a existir.

RAZÓN DE ESTADO

El término *raison d'état*[3] proviene originalmente de la teoría jurídica y se refiere a la idea de que los intereses de un Estado siempre tienen prioridad sobre todos los demás. Abarca todo lo que un Estado hace para preservarse a sí mismo; incluidas las guerras, la contrainsurgencia y la defensa contra ataques externos. La idea central es que garantizar la seguridad del Estado, su existencia y su independencia son las máximas prioridades de las decisiones políticas, incluso si estas decisiones parecen moral o éticamente cuestionables.

El término tiene su origen en la Edad Moderna, particularmente en la obra de Nicolás Maquiavelo. En su obra El Príncipe, Maquiavelo pone énfasis en que las decisiones políticas no solo debían estar justificadas moralmente, sino que, sobre todo, debían tomarse desde la perspectiva de la preservación práctica del poder. Por lo tanto, el objetivo es siempre garantizar la supervivencia del Estado; lo que, según esta teoría, eclipsa todo lo demás.

En el contexto de las relaciones entre Alemania e Israel, esta idea resulta interesante porque la supervivencia del Estado israelí se considera parte de la *raison d'état* alemana. La preservación de Israel se ve, por tanto, como una condición para la propia existencia de Alemania. Como resultado, la seguridad de Israel ha tomado una significación casi constitucional en la política exterior alemana. La protección de Israel se convierte en una obligación fundamental que va más allá de los intereses geopolíticos.

Históricamente, desde los 80, la *raison d'état* alemana se ha vinculado repetidamente a la responsabilidad de Alemania hacia Israel. En 1985, Joschka Fischer utilizó este término para justificar el apoyo incondicional de Alemania a Israel. En un artículo publicado en *Die Zeit*, escribió en ese momento: «Solo la responsabilidad de Alemania por

Auschwitz puede ser la esencia de la *raison d'état* de Alemania Occidental. Todo lo demás viene después»[4].

En 2008, Angela Merkel se convirtió en la primera canciller alemana en dirigirse al Knesset, el Parlamento israelí, y también habló de la responsabilidad histórica de Alemania. Declaró: «Esta responsabilidad histórica forma parte de la *raison d'état* de mi país», enfatizando en la continuidad del compromiso de Alemania con la seguridad de Israel.

En 2021, con la formación del nuevo gobierno de coalición formado por los Verdes, los Demócratas Libres y el SPD, se acordó oficialmente que la seguridad de Israel forma parte de la raison d'état de Alemania. Diez días después del ataque del 7 de octubre de 2023, Olaf Scholz viajó a Israel y reafirmó esta declaración. El acuerdo de la coalición también establecía: «El antisemitismo y la hostilidad hacia Israel no tienen cabida en las escuelas y universidades».

Alemania instrumentaliza el recuerdo del Holocausto y la lucha contra el antisemitismo de muchas maneras para su política exterior imperialista y su política interna represiva.

ANTI-ANTISEMITISMO AUTORITARIO Y PÁNICO MORAL

El enfoque de Alemania hacia la historia del nacionalsocialismo se caracteriza a menudo por una «disonancia cognitiva». Mientras que Alemania se presenta como un país que ha hecho las paces con su pasado, la realidad es diferente: l@s judí@s siguen siendo amenazad@s principalmente por la violencia de extrema derecha. Una encuesta muestra que much@s creen que sus ancestr@s ayudaron a las víctimas del nacionalsocialismo; lo que supone una percepción distorsionada de la historia. Los regímenes fascistas solo pueden sobrevivir con el apoyo de amplios sectores de la población. Pero en lugar de afrontar esta incómoda verdad, a menudo se evita el tema. En su lugar, el antisemitismo se proyecta a menudo sobre grupos marginados, como l@s migrantes o l@s izquierdistas poscoloniales[5].

L@s comisionad@s contra el antisemitismo en Alemania sostienen ahora que el antisemitismo en Alemania es «importado» por musulmanes y extremistas de izquierda, y que el antisemitismo histórico alemán está perdiendo importancia. Existe una «burocracia anti-antisemitista» que se extiende por todas las instituciones y que se ha ido construyendo de forma agresiva en los últimos años. La narrativa sostiene que el llamado «antisemitismo relacionado con Israel» ha sido importado por l@s refugiad@s árabes y está reemplazando al antisemitismo histórico alemán. Estados Unidos ha sentado un precedente en este sentido. En 2004, George W. Bush introdujo la *Ley de Revisión Global del Antisemitismo*. En 1967, Estados Unidos comenzó a apoyar a Israel y a reconocerlo como la «fortaleza de Occidente» contra el nacionalismo árabe y el comunismo.

Cuando Donald Trump decidió en 2018 reconocer a Jerusalén como capital de Israel trasladando allí la embajada estadounidense, se produjeron protestas en Berlín. Se quemó una bandera israelí.

El Bundestag decidió entonces nombrar a un comisionado contra el antisemitismo y hacer circular políticamente la muy controvertida definición de antisemitismo de la IHRA (Alianza Internacional para el Recuerdo del Holocausto).

Esta definición (o más bien, la extensión adoptada por el Gobierno alemán) describe, entre otras cosas, las críticas al Estado de Israel como antisemitas. Como resultado, se nombraron numeros@s comisionad@s contra el antisemitismo a nivel estatal. A menudo, est@s comisionad@s no están unidos por su pericia en materia de antisemitismo, sino por su trabajo para organizaciones sionistas como la Sociedad Germano-Israelí. La mayoría de ell@s no son judí@s y piden que la definición de la IHRA se expanda en el futuro y que los ataques contra l@s comisionad@s contra el antisemitismo se clasifiquen como antisemitas, independientemente de su origen.

«Esta política de apoyar a Israel mientras se demoniza a l@s migrantes como la fuente del antisemitismo en Alemania une a la extrema derecha con la derecha, el centro y partes significativas de la izquierda [sic], tergiversando la lucha crucial contra la intolerancia y convirtiéndola en una ideología que legitima la xenofobia. Y cuando esto termina perjudicando directamente a la gente judía, es imposible ignorar lo absurdo de la situación»[6].

«Desde entonces, Israel ha servido de pantalla de proyección para muchas fantasías nacionalistas alemanas frustradas, en las que l@s colon@s judí@s logran lo que l@s aleman@s siempre han anhelado en su 'misión civilizadora de l@s bárbar@s'. Todavía lo sigue haciendo hoy en día, cuando la 'guerra contra el terrorismo' entra en una nueva fase aún más destructiva y Alemania se adelanta a ella en la extrema derecha»[7].

En la República Federal de Alemania se fetichiza el hecho de ser judío para permitir una nueva identidad alemana. Con ello se pretende incluir a determinados sectores de la población, es decir, a l@s judí@s, y, sobre todo, excluir a l@s musulman@s.

Esta exclusión se manifiesta también en un «pánico moral», es decir, un mecanismo social que culpa a un determinado grupo del supuesto declive de los propios valores o de la crisis que atraviesa la sociedad. Esta es una peculiaridad del fascismo. Se interpreta que un grupo de personas representa una amenaza particular para los propios intereses y se le retrata como tal en los medios de comunicación. En 2018 se amplió el derecho penal para incluir los motivos antisemitas. Esto ha dado lugar a la criminalización de las comunidades germano-palestina y árabe. Se han producido restricciones masivas de los derechos fundamentales, prohibiciones de manifestaciones, redadas, políticas de deportación más estrictas y violencia policial masiva en las calles[8].

«El aparato estatal de represión está utilizando actualmente el movimiento de solidaridad con Palestina como campo de pruebas para medidas antiguas y nuevas. Los derechos fundamentales se ven cada vez más socavados o erosionados sistemáticamente, y se están desmantelando las normas democráticas mínimas»[9].

IMPERIALISMO EN EL EXTRANJERO, REPRESIÓN EN CASA

«Mientras que la política exterior se pone incondicionalmente del lado del régimen israelí, la izquierda, l@s migrantes y l@s judí@s que muestran su solidaridad con l@s palestin@s oprimid@s por el genocidio y el apartheid son perseguid@s en casa: la 'lucha contra el antisemitismo' y la 'protección de la vida judía' sirven como consignas políticas en esta reestructuración autoritaria»[10].

La represión contra l@s palestin@s y las luchas por el derecho de Palestina a la autodeterminación no son nuevas en Alemania. En el 75 aniversario de la Nakba en 2022, se prohibió en Berlín toda conmemoración pública de la expulsión de 1948. Inmediatamente después del 7 de octubre de 2023, Alemania impuso una prohibición casi total de todas las protestas palestinas. La instrumentalización de la lucha contra el antisemitismo no solo la sienten l@s palestin@s. Cuando Abdullah Öcalan fue arrestado en Kenia en 1999, en parte por los servicios secretos israelíes, y cient@s de kurd@s intentaron asaltar la embajada israelí, los guardias de seguridad del consulado abrieron fuego. Cuatro activistas kurdos fueron asesinados. Parte de la prensa burguesa, pero también la prensa alternativa, vio esto como una cosa por encima de todo lo demás: una conspiración antisemita[11]. Entonces, como ahora, el Estado alemán responde a l@s migrantes polític@s con violencia física directa, pero también con restricciones al derecho de asilo. Después de la toma de rehenes y el asesinato de atletas israelíes durante los Juegos Olímpicos de Múnich de 1972, cient@s de palestin@s fueron deportad@s como una forma particularmente pérfida de castigo colectivo. La ex Secretaria del Interior (2021-2025) Nancy Faser (SPD) ha redactado un proyecto de ley que pone en peligro el derecho a permanecer en el país por un simple «me gusta» en las redes sociales, siempre que se cuestione la *raison d'état*. Cualquiera que desee obtener la naturalización en Alemania debe reconocer el derecho de Israel a existir[12].

El argumento de que Israel tiene un derecho incuestionable a existir no tiene base legal, porque no existe tal cosa como un derecho estatal incuestionable a existir. Esto allana el camino para un castigo completamente arbitrario[13].

Cuando el Estado defiende su *raison d'état* y sus intereses imperialistas, hay una parte de la izquierda histórica alemana que utiliza los mismos medios e ideologías. L@s llamad@s «antialemanes» suelen ocupar puestos en instituciones y, al igual que el aparato represivo, promueven el discurso de odio y la difamación contra el movimiento palestino. Sin embargo, vale la pena considerarlos en relación con la política estatal, porque, al margen de ésta, han perdido gran parte de su importancia.

HISTORIA E IDEOLOGÍA DE L@S LLAMAD@S ANTIALEMANES

La ideología antialemana, que se caracteriza esencialmente por rasgos y principios prosionistas y antipalestinos, surgió a finales de los años ochenta y principios de los noventa como un movimiento dentro de la izquierda antifascista y radical alemana, ganando cada vez más influencia. Tanto protagonistas individuales influyentes, a menudo antigu@s miembr@s de grupos comunistas o izquierdistas pertenecientes a la oposición extraparlamentaria, contribuyeron a este cambio de paradigma, en el que, por cierto, la imagen internacionalista de una izquierda antiautoritaria, nacida de las luchas anticolonialistas y antiimperialistas globales de los años sesenta y setenta, ha sido desmantelada o se está utilizando de manera extremadamente selectiva.

EL INTERNACIONALISMO EN **1968**

Tras la Guerra de los Seis Días de 1967 (5-10 de junio), en la que el Estado israelí atacó y derrotó a Egipto, Jordania y Siria, y finalmente ocupó la península del Sinaí (que no fue devuelta a Egipto hasta 1982), Cisjordania, Jerusalén Este, Gaza y los Altos del Golán, lo que provocó la expulsión de al menos 500.000 palestin@s, la mayoría de la izquierda radical blanca alemana de la RFA (Alemania Occidental) se solidarizó con l@s palestin@s en su lucha por la liberación, la autodeterminación, una vida digna y contra la ocupación israelí.

Pero fue solo después de la Guerra de los Seis Días cuando se produjo un cambio de paradigma. Hasta entonces, much@s izquierdistas habían simpatizado con Israel por diversas razones (además de la solidaridad con las víctimas del Holocausto, algunas de las cuales vivían ahora allí, entre ellas se incluían la falta de compromiso con la lucha contra el imperialismo, el colonialismo y el sionismo, la ignorancia de la realidad de l@s palestin@s y la idealización de un supuesto idilio de los kibutz socialistas).

«En ningún otro país europeo era tan fuerte la identificación del antifascismo con las actitudes proisraelíes (...) El 5 de junio de 1967, miles de estudiantes se reunieron en el campus de la Universidad Libre de Berlín. Protestaban contra el asesinato de Benno Ohnesorg, que había sido asesinado durante una manifestación contra el Sha en Berlín el 2 de junio. Cuando llegó la noticia del estallido de la guerra, se formaron pequeños grupos de debate en torno a l@s poc@s estudiantes árabes. Est@s no encontraron ni simpatía ni comprensión, sino que se vieron casi ahogad@s en un mar de hostilidad»[14].

Tras el movimiento de 1968, surgió una cultura de resistencia en constante evolución, que incluía la oposición a la guerra estadounidense (conocida en «Occidente» como la guerra de Vietnam) bajo el lema «Crear dos, tres, muchos Vietnams». Esta cultura de resistencia se extendió por todo el mundo y recibió la influencia de los movimientos de liberación anticolonial (Los condenados de la tierra, Frantz Fanon) —desde Angola, Guinea-Bissau y Sudáfrica hasta Mozambique y Namibia—, la teología de la liberación sudamericana (Camilo Torres) y la difusión de la guerra de guerrillas impulsada por el Che Guevara[15].

Alrededor de 5.000 personas asistieron al Congreso Internacional sobre Vietnam, los días 17 y 18 de febrero de 1968 en el salón de actos principal de la Universidad Técnica de Berlín. Y al menos 15.000 personas participaron en la manifestación de clausura, que recorrió Kurfürstendamm hasta la Deutsche Oper (Ópera Alemana)[16]. La lucha del *Black Panther Party* y del *Weather Underground* en los Estados Unidos también desempeñó un papel importante.

Fundamentalmente, estaba en consonancia con la autoimagen de una izquierda internacionalista expresar su solidaridad («Viva la solidaridad internacional») y mantenerse unidos, aunque fuera en circunstancias muy diferentes, en favor de un mundo diferente y más justo, contra la dominación imperialista, la opresión colonial, la explotación y la privación de derechos.

Esta solidaridad se extendió ahora también a Palestina. Se formaron Comités Palestinos en muchos lugares para llevar a cabo labores de solidaridad y sensibilización. La revista radical de izquierda de Berlín Occidental *Agit 883* publicó una amplia gama de artículos, convocatorias de manifestaciones y mucho más.

La portada del n° 55, del 3 de abril de 1970, muestra una foto de Yasser Arafat, y el n° 30, del 4 de septiembre de 1969, está adornado con un fedayín con una ametralladora en la portada y la consigna: «Por una Palestina revolucionaria. Por un Medio Oriente antiimperialista». El recién fundado Comité Palestino escribió el artículo «El problema palestino» en ese número:

«La victoria de Israel en la guerra contra los ejércitos árabes en los primeros días de junio de 1967 ha vuelto a dejar muy claros dos hechos: el carácter expansionista del Estado de Israel, estrechamente vinculado al imperialismo occidental, y la voluntad del pueblo palestino de luchar por la restauración de sus derechos robados, a pesar de todos los obstáculos y dificultades (...) El objetivo debe ser —en Oriente Medio, como en Vietnam, Sudáfrica, Rodesia, Sudamérica y en cualquier otro lugar— luchar por todos los medios para lograr un Estado en el que todos los seres humanos puedan vivir y trabajar en libertad social, económica y política (...) Una revolución hasta la victoria, estrechamente vinculada a una lucha antiimperialista decidida, es la única alternativa para un futuro humano. Ha comenzado en Palestina»[17].

Los grupos militantes y armados que surgieron en la República Federal de Alemania y Berlín Occidental, como la RAF, RZ y el Movimiento 2 de Junio, también se referían a las luchas de liberación en Palestina. Algun@s participaron en campos de entrenamiento, mientras que otr@s llevaron a cabo acciones conjuntas (y no siempre exentas de controversias). La cooperación se produjo en particular con Fatah, el FPLP y el FDLP.

Con el estallido de la Primera Intifada en 1987, que contó principalmente con el apoyo de muchos grupos vecinales, organizaciones de base y comités populares, se produjo una vez más un amplio apoyo por parte de la izquierda radical alemana. Se formaron comités de solidaridad, se organizaron viajes a Palestina o a los campos de refugiados palestinos y se celebraron actos, mítines o manifestaciones en muchas ciudades, como en Hamburgo en 1990, donde más de 10.000 personas mostraron su solidaridad con la Intifada. Del 2 al 4 de marzo de 1990, también se realizó en Hamburgo un Congreso sobre Palestina, acompañado de un libro de 128 páginas publicado por el "Grupo de Trabajo en Apoyo a la Intifada". Como recordatorio, 34 años después, el 12 de abril de 2024, la policía de Berlín irrumpió en el Congreso sobre Palestina en Berlín y lo disolvió a los pocos minutos.

El apoyo a la lucha por la liberación palestina se caracterizó por una solidaridad fundamental. Esta posición y actitud básica se mantuvieron esencialmente hasta el final de la primera Intifada en 1993, pero ya habían comenzado a mostrar grietas años antes.

Con el auge del discurso antialemán y pro sionista, la solidaridad internacional se volvió muy selectiva y la solidaridad con Palestina desapareció de las mentes de la mayoría de l@s izquierdistas aleman@s antiautoritario@, anarquistas, radicales o extraparlamentari@s, con algunas excepciones como el movimiento BDS, comités individuales o grupos.

Hoy (2025), esta base teórica representa, en diversas facetas y formas, una parte nada insignificante de la política radical de izquierda, desde Antifa hasta el Partido de Izquierda, desde las feministas queer hasta l@s antigu@s okupas y, en particular —y esto es significativo—, l@s activistas blanc@s y aleman@s.

Su posición de solidaridad con Israel, que se manifiesta con distintos grados de intensidad, ha provocado inevitablemente divisiones dentro de la izquierda radical, especialmente con l@s izquierdistas internacionales no blanc@s, con consecuencias de gran alcance: desde la indiferencia (el silencio significa consentimiento) hacia el sufrimiento y la negativa a mostrar solidaridad con l@s palestin@s, hasta la cancelación y el rechazo de eventos, contramanifestaciones, bloqueos, arrancar de la pared y realizar pintadas sobre afiches y stickers, y agresiones físicas.

Por lo tanto, su objetivo es congruente con la política oficial alemana de *raison d'état*, que se mantiene firme al lado de Israel e incluso lo defiende ante las acusaciones de genocidio ante la Corte Internacional de Justicia. En una segunda etapa, desacredita y, en última instancia, criminaliza a tod@s aquell@s que abogan por una vida digna para l@s palestin@s y cuestionan las políticas de apartheid y ocupación de Israel en general, instrumentalizando el antisemitismo. Esta represión y difamación afecta sobre todo a l@s propi@s palestin@s, pero también al movimiento de solidaridad, como la campaña internacional BDS. Esta clara coincidencia entre el discurso estatal y la ideología antialemana reduce en realidad el término «antialemán» al absurdo —es falso y engañoso—, ya que nada es más alemán que estar tan decididamente de acuerdo con casi todos los partidos del Parlamento alemán.

El auge de la ideología antialemana y pro sionista tiene muchas causas diferentes y no puede explicarse por una sola causa o por eventos individuales. Tampoco se trata de una ideología uniforme, sino diversa y matizada, por lo que está representada por diferentes escuelas de pensamiento y discursos. No obstante, hay algunos elementos recurrentes en sus discursos, que intentaremos formular y esclarecer a continuación. Es difícil decir cuándo comenzó realmente este desarrollo; más bien debería considerarse como un proceso.

El texto de Moishe Postone «Antisemitismo y nacionalsocialismo», que fue publicado en 1979 y reimpreso en la revista *Autonomie, Materialien gegen die Fabrikgesellschaft* [Autonomía, materiales contra la sociedad fabril] n° 14, sirvió de fuente de inspiración para el desarrollo del movimiento antialemán. En este texto, Postone veía, entre otras cosas, una forma truncada de anticapitalismo en el antisemitismo asesino del nacionalsocialismo. Criticó duramente el antisionismo de la izquierda alemana de la época, focalizado en la culpa alemana en el nazismo, rechazó el activismo social revolucionario y se decantó por una teoría que privilegió el Marx del fetichismo sobre un marxismo de lucha de clases que explicaba el fascismo únicamente en términos de relaciones del capital («Detrás del fascismo está el capital»)[18]. Sin embargo, el movimiento antialemán como tendencia emergió más hacia finales de la década de 1980 y principios de la de 1990. Es interesante señalar que much@s comunistas, marxistas y maoístas de la época contribuyeron a este cambio ideológico. Esto condujo finalmente a la creación de la revista antialemana *Bahamas*[19], que más tarde produjo much@s autor@s influyentes. En 1992, varios antigu@s miembr@s de la revista *Arbeiterkampf* (AK) —ahora llamada *Analyse und Kritik*— de la Liga Comunista (KB) fundaron la *Initiative Sozialistisches Forum* [Iniciativa Foro Socialista] en Friburgo. De esta manera, otro grupo antialemán significativo es la *Initiative Sozialistisches Forum* de Friburgo.

Una de las fuerzas impulsoras también pudo haber sido la proyección inicial de ideales revolucionarios y el apoyo acrítico a los movimientos de liberación nacional en todo el mundo, seguido de la decepción por su desarrollo y autoritarismo. Esto se aplicó, entre otras cosas, a la Revolución Cultural China, Camboya, Nicaragua y la Revolución Iraní de 1979, que inicialmente se apoyó, hasta que quedó claro (demasiado tarde) que l@s comunistas, l@s socialistas, el movimiento feminista y much@s otr@s se habían convertido en víctimas de esta revolución. Esto se aplicó también a Palestina, aunque, a diferencia de los ejemplos mencionados, Palestina aún no ha podido liberarse y está más expuesta que nunca a una brutal colonización y ocupación. A esto se sumó la codificación del antisionismo como antisemitismo.

El secuestro de un avión de pasajeros en Entebbe en 1976 por dos miembros de las RZ [Células Revolucionarias] y un grupo del FPLP-EO se ha reinterpretado ahora en el sentido de que l@s dos miembr@s aleman@s del comando «seleccionaron a l@s pasajer@s judí@s entre l@s pasajer@s no judí@s», a pesar de que l@s pasajer@s fueron separad@s por poseer un pasaporte israelí o francés, ya que el objetivo era liberar a pres@s polític@s de las cárceles israelíes y francesas. En 1991, un grupo de las Células Revolucionarias publicó un documento titulado *Gerd Albartus está muerto*, en el que repetían esta tesis de la «selección por motivos étnicos». Los otros grupos dentro de la RZ que estaban en desacuerdo con esto fueron ignorados en gran medida. Y la posición que también se había defendido en AK en ese momento, a saber, que «la operación de Entebbe se utiliza en las declaraciones de la RZ como un instrumento conveniente para justificar una ruptura no solo con el 'antisionismo', sino con el 'antiimperialismo' en general», no logró ganarse la aceptación.

Las primeras discusiones que equiparaban el antisionismo con antisemitismo tuvieron lugar ya en 1988, cuando l@s residentes de la ocupada Hafenstrasse de Hamburgo pintaron un mural con la consigna: «Boicot a Israel, a sus productos, a sus kibutz y a sus playas. Palestina, el pueblo te liberará. Revolución hasta la victoria». Sobre todo, el llamado al boicot se comparó con el llamado de l@s nazis al boicot de los negocios judí@s en 1933, sacándolo así del contexto de la ocupación israelí y la política de asentamientos sionistas.

La primera Guerra de Irak (Segunda Guerra del Golfo) en 1991, tras la ocupación de Kuwait por parte de Irak y el ataque a Irak por parte de EE.UU. y otros 34 países, durante la cual se lanzaron 40 misiles R-17 contra Israel, también sirvió de justificación para que aquell@s antialemanes se pusieran del lado de EE.UU. y tildaran a Saddam Hussein de ser el nuevo Hitler. Se olvidó rápidamente el hecho de que Occidente había apoyado a Irak con armas durante años en la guerra contra Irán y que empresas alemanas habían suministrado productos químicos para la producción de gas venenoso a Irak, que luego lo utilizó en Halabja en 1988 para matar a 7000 kurd@s. Pero no solo l@s antialemanes se convirtieron en belicistas; figuras públicas conocidas como Wolf Biermann, Hans Magnus Enzensberger, el editor de la revista *Konkret* Hermann Gremliza y el filósofo Jürgen Habermas también terminaron poniéndose del lado de l@s defensor@s de la guerra.

Sin embargo, esto no significa necesariamente que haya que abandonar el internacionalismo y la solidaridad con las luchas anticoloniales, ni retirar por completo la solidaridad con la lucha de liberación palestina. Las contradicciones, las críticas y las dudas son parte integral de la solidaridad, incluida la solidaridad crítica. Por otro lado, l@s izquierdistas aleman@s blanc@s no deben olvidar, en primer lugar, examinar autocríticamente sus propias proyecciones y pretensiones de identificación con las revoluciones en otras regiones del mundo y, en segundo lugar, ser siempre conscientes de la posición privilegiada desde la que determinan su relación con las luchas globales. Esto también incluye examinar autocríticamente sus propios fallos, el racismo internalizado, la ignorancia de la historia de las luchas de liberación, el constante germanocentrismo en su interpretación del mundo y —quizás lo más cruel—, su propia indiferencia ante la miseria del mundo.

El hecho de que el discurso antialemán haya podido ganar terreno también tiene que ver con la debilidad de los movimientos anarquistas, antiautoritarios y autónomos, que desde mediados de la década de 1990 han ido perdiendo influencia y se han mostrado incapaces de contrarrestar la creciente hegemonía antialemana en los medios de comunicación, de manera global y también teóricamente. Esto ha llevado finalmente a que ciertos fragmentos antialemanes se hayan establecido incluso en esos círculos, o a que su falta de posicionamiento haya dado lugar a la inacción y al tabú.

Entre l@s ideólog@s antialemanes que inicialmente también se comportaron de manera antinacional se encuentran o se encontraban Eike Geisel, Justus Wertmüller, Joachim Bruhn, Jürgen Elsässer (que ahora escribe para el portavoz de la AfD, la revista neofascista *Compact*), Wolfgang Pohrt, Stefan Grigat, Jens Benicke, Jan Gerber, Tjark Kunstreich, Clemens Nachtmann y la ecologista de izquierda Jutta Ditfurth[20], por nombrar solo algun@s. A ell@s se suman el publicista Henryk M. Broder y los historiadores Wolfgang Kraushaar y Götz Aly, que se encuentran entre las referencias más importantes del movimiento antialemán. Kraushaar y Götz Aly, en particular, son considerados los historiadores de la revuelta de 1968, que reinterpretan como fundamentalmente antisemita, incluida la lucha militante y armada[21]. Escritor@s y publicistas también importantes para el movimiento de izquierda, como Oliver Tolmein e Ingrid Strobl, se han sumado al coro de quienes posteriormente afirmaron que el antisionismo de izquierda siempre había sido un antisemitismo (encubierto)[22].

A continuación, describimos de manera breve y superficial los pilares de su ideología antialemana:

1. L@s antialemanes defienden la ideología sionista, que es la ideología del Estado israelí, basada en la expulsión étnica de l@s palestin@s. Apoyan al Estado de Israel, que expande constantemente su territorio y continúa ocupando tierras palestinas. El sionismo se reduce a una reacción al antisemitismo europeo, que culminó en el antisemitismo eliminatorio de l@s nacionalsocialistas, y a menudo se explica como monocausal. El hecho de que la

emergencia y los pilares del sionismo estén estrechamente entrelazados con cosmovisiones colonialistas, racistas, etnocráticas judías y nacionalistas se descuida, ignora, niega o legitima en una variante de la ideología antialemana.

Cuando un grupo antialemán que portaba banderas israelíes, de Estados Unidos y Gran Bretaña fue expulsado por otr@s antifascistas en una manifestación antifascista contra la exposición sobre la Wehrmacht celebrada en Hamburgo el 31 de enero de 2004, l@s antialemanes justificaron claramente su solidaridad con Israel en una declaración firmada por al menos 44 grupos: «Las banderas israelíes en las manifestaciones antifascistas dignas de ese nombre son algo natural por todas estas razones. ¡No solo deben ser toleradas allí, lo que sigue significando que deben ser protegidas, sino que deben ser bienvenidas!»[23].

Y 20 años después, el 5 de octubre de 2024, alrededor de 650 personas marchan orgullosas con numerosas banderas israelíes en una manifestación organizada por grupos antialemanes y antifascistas bajo el lema «Contra la Internacional antisemita», y su enemigo es claro:

«La escena artística y cultural internacional, el régimen de los mullah en Irán, los grupos rojos, l@s activistas LGBTQI y l@s ravers de Berlín a Barcelona, l@s seguidor@s de Erdogan, l@s estudiantes de humanidades estadounidenses, l@s representantes de las Naciones Unidas, l@s neonazis aleman@s y l@s terroristas palestin@s: tod@s ell@s se han unido en su odio hacia Israel, el único Estado judío, a más tardar, desde el 7 de octubre de 2023»[24].

2. Se iguala al antisemitismo con el antisionismo. Cuestionar la ideología sionista del Estado israelí, así como diversas formas de crítica al Estado de Israel o a sus políticas, se tilda así de antisemitismo. La instrumentalización del antisemitismo sirve como arma para desacreditar cualquier crítica. « No puede haber ninguna crítica al Estado de Israel que no sea antisemita» (Joachim Bruhn, ideólogo antialemán)[25]. En consecuencia, el judaís-

mo, el sionismo y el Estado de Israel no se distinguen como categorías separadas[26].

Además, l@s antialemanes actúan como supuestos expertos en antisemitismo y explican «por qué el Holocausto tuvo lugar en Alemania, por qué solo pudo ocurrir en Alemania y por qué fue peor que cualquier otra atrocidad de la historia. Este hecho otorga a sus ciudadan@s derechos especiales y un poder de observación especial. Como conocen el antisemitismo mejor que nadie, pueden ver más claramente que otr@s que sigue representando el mayor peligro para el mundo». Esta superioridad moral y arrogancia lleva entonces a «alemanes no judí@s, estadounidenses, israelíes y judí@s de otras regiones del mundo a dar lecciones con el dedo levantado sobre la cultura conmemorativa adecuada y la lealtad a Israel»[27].

3. El antisemitismo es importado de Oriente Medio y los países islámicos. Sin embargo, incluso las estadísticas del Ministerio Federal del Interior de 2022 muestran que el 84% de todos los delitos

antisemitas fueron cometidos por individuos de extrema derecha (neofascistas)[28]. Esto encaja con la visión antialemana de que «el islamismo es el renacimiento fascista musulmán del nacionalsocialismo...»[29]. Esto revela un análisis profundamente erróneo del antisemitismo importado, dado que el antisemitismo tiene una larga historia y tradición en Europa, Alemania fue responsable del Holocausto y el antisemitismo nunca ha desaparecido aquí, sino que sigue existiendo en forma de estereotipos antisemitas en la sociedad (y no solo en la AfD).

4. La persecución y el Holocausto de 6.000.000 de judí@s europe@s por parte de l@s nacionalsocialistas aleman@s, así como la culpa y la responsabilidad alemanas resultantes, sirven como patrón de explicación y justificación para la solidaridad con Israel. Por lo tanto, la interpretación y evaluación de la situación en Palestina y la expansión del Estado sionista israelí tiene menos que ver con las circunstancias reales sobre el terreno que con la aceptación de la propia historia y culpa. En este

sentido, la identificación total con las antiguas víctimas del Holocausto, que se equipara con la existencia del Estado israelí, conduce al rechazo de la culpa y a la exoneración, también con la firme convicción de que ahora por fin se puede estar en el lado correcto de la historia. Israel se considera una compensación por Auschwitz y también ofrece una base moral identificable para su fundación: el sionismo.

Israel se convirtió así en una pantalla de proyección para la «solidaridad con l@s judí@s» que ya no se podía conseguir con l@s judí@s reales en Alemania[30]. Muchos análisis y explicaciones políticas establecen constantemente analogías y comparaciones con el Holocausto y l@s nazis. Solo que ahora, l@s nuev@s nazis y antisemitas son tod@s aquell@s que cuestionan radicalmente las políticas de Israel. Siguiendo esta lógica, la lucha legítima de l@s palestin@s por su liberación es a menudo difamada como antisemita, y hay una falta de empatía por el sufrimiento de l@s palestin@s. La campaña global de la sociedad civil BDS (boicot, desinversión, sanciones), desarrollada y liderada por palestin@s, es difamada como antisemita y se afirma que es similar al llamamiento de l@s nazis al boicot de los negocios judíos en 1933. Es el caso de un grupo antialemán de Halle en 2018, quien dice lo siguiente: «Nos solidarizamos con el Estado de Israel como garante de la autodeterminación judía en un mundo antisemita, como consecuencia de los crímenes alemanes durante el nacionalsocialismo y debido a las actuales amenazas antisemitas, especialmente de fuentes islamistas»[31].

Para el escritor Robert Misik, la constitución de estos grupos era algo diferente: «(...) l@s antialemanes, esa tropa de tont@s con complejo de culpa alemana, que, como resultado de la ecuación: maldad alemana = víctimas buenas de l@s aleman@s = oponentes malos de las víctimas, se han convertido en una izquierda tan bizarra como firmemente proestadounidense, proisraelí y antimusulmana».

5. Se rechazan las teorías poscoloniales que contrarrestan la «singularidad del Holocausto» y la

jerarquización del sufrimiento a través de la experiencia de siglos de colonización y abogan por una memoria multidireccional. Achille Mbembe, por ejemplo, ya ha sido difamado como antisemita por atreverse a señalar y discutir conexiones, comparaciones y paralelismos. También se rechaza o se minimiza la conexión entre el colonialismo alemán bajo el Imperio alemán y la guerra de exterminio de l@s nazis, a pesar de que algun@s aspectos esenciales del régimen nazi y del Holocausto solo pueden entenderse a través de su relación con el colonialismo imperialista[32].

Esta ignorancia es sistemática. Dentro de la izquierda radical blanca alemana, hay una falta de reevaluación y confrontación con el propio colonialismo de Alemania. Sin embargo, Alemania estuvo involucrada en varios genocidios en el siglo XX. La campaña colonial de exterminio contra los Maji Maji entre 1905 y 1907 en lo que hoy es Tanzania, que dejó 300.000 muert@s, y el genocidio de l@s Herero y l@s Nama entre 1904 y 1908 en lo que hoy es Namibia apenas se discuten, y cuando se hace, es principalmente por parte de personas de color y comunidades (post)migrantes. El *Porajmos* (=devorador) de l@s Sinti y l@s Romaníes, que cobró 500.000 vidas, también se descuida y no recibe la conmemoración que merece.

6. L@s antialemanes son belicistas y defensor@s de la guerra. Esto incluye, naturalmente, la política de ocupación militar de Israel contra l@s palestin@s, con miles de muert@s, y el mantenimiento del régimen de apartheid, que se tolera o incluso se apoya activamente por medios militares.

Multitud de artículos y stickers expresan esta mentalidad cuando exigen: «Bundeswehr a Gaza, larga vida a Israel» (con una imagen de un helicóptero de combate) o «Guerra callejera en Ramala, los tanques son Antifa». Y en un tuit del 12 de agosto de 2025, el *Open Antifa Plenum Halle* pidió literalmente «Armas para Israel»[33] y se inmortalizó con confianza en una foto con una pancarta[34].

El concejal del Partido de Izquierda, Michael

Neuhaus, también encaja en esta foto, presentándose como un supuesto antifascista y marxista con una camiseta de las *Israel Defense Forces-IDF* y ondeando una bandera israelí.

También se defienden, exigen y aprueban las operaciones militares contra otros países (entre ellos Líbano, Siria, Irán, Egipto y Jordania) y su aliado más fuerte, Estados Unidos (por ejemplo, en Irak), en nombre de la «libertad y la democracia» y la protección de la vida judía.

Un cartel del grupo *Antideutsche Kommunisten Berlin* [Comunistas Antialemanes de Berlín] de 2003, con motivo de la invasión militar estadounidense de Irak en 2003, decía: «Sir Arthur Harris hizo lo correcto. ¡Señor Rumsfeld[35], continúe con su misión antifascista! Lucha contra el eje del mal: Berlín-Bagdad». Y el periódico internacionalista *iz3w* de Friburgo escribió con toda seriedad: «Los demócratas Blair y Bush entraron en guerra contra un dictador y asesino en masa... ¿Y qué pasó? Nadie les dio las gracias»[36].

7. Como partidari@s de las guerras contra Irak en 1991 y 2003 y contra Afganistán en 2001, se pusieron del lado de Estados Unidos. Las críticas a la política imperialista estadounidense se descartan como antiamericanismo. A veces se veían banderas estadounidenses en las manifestaciones, especialmente el 8 de mayo, día de la liberación del fascismo, en el que se agradece a l@s aliad@s.

8. El colonialismo sionista del Estado israelí, evidenciado por la constante expansión de los asentamientos en Cisjordania, la expulsión continua de palestin@s, los planes de limpieza étnica total en Gaza y el sueño de un Gran Israel, es obvio y cuenta con el apoyo o el respaldo de l@s antialemanes. «Queers radicales por el Gran Israel» o «Del río al mar: Palestina nunca existió» (como se ve en los stickers de est@s antialemanes).

Y luego está la variante antialemana que niega, invalida o trivializa el colonialismo y el colonialismo de asentamiento. Aunque l@s ideólog@s y polític@s sionistas, desde Herzl hasta Vladimir Jabotinsky, Begin, Ben-Gurión, Golda Meir, Netanyahu, Smotrich («Gaza es una parte inseparable de la tierra de Israel»[37]) y Ben Gvir, nunca han planteado ninguna duda sobre el proyecto colonialista de asentamiento. Y Ariel Sharon lo dijo claramente en 2001 cuando comparó a Francia en Argelia con Israel en Palestina: «Nosotr@s (en Palestina) somos como ell@s en Argelia, pero nos quedaremos»[38].

9. El discurso antialemán se caracteriza por el racismo antipalestino y antimusulmán. La historia de l@s palestin@s, su resistencia a la ocupación y la multitud de debates y discursos políticos diferentes se ignoran en gran medida o se reciben con indiferencia. Esto crea una imagen estereotipada, generalizada y reducida, plagada de racismo, en la que se retrata y estigmatiza a l@s palestin@s como terroristas, islamistas, reaci@s a negociar, antifeministas, antiqueer o autoritari@s. La portada de la revista *Bahamas* (n° 36, otoño de 2001) incluía el eslogan: «Intifada mundial: l@s asesin@s se esconden tras el llamamiento a la paz». En otras partes de *Bahamas*, el tono era similar: «L@s antirracistas y l@s representantes del multiculturalismo pre-

pararon un 'carnaval de culturas', al final del cual cabía esperar el pogromo multicultural contra l@s judí@s»[39]. Una imagen totalmente colonialista, en cuyo lado opuesto se enmarca a Israel como democrático y civilizado («La única democracia en Medio Oriente»).

10. Aunque much@s en la izquierda radical tienden a ser críticos con el Estado o desearían abolirlo por completo (como en el caso de l@s anarquistas), en el caso de Israel, l@s antialemanes defienden el Estado como una necesidad absoluta. No es la existencia de la vida judía en Palestina, que ha sido una realidad durante siglos, lo que está en primer plano, sino la existencia del Estado sionista de Israel.

11. Bastantes antialemanes tienen conexiones con el campo neoconservador y su discurso racista es, en cualquier caso, compatible con la derecha. Una de sus figuras más pintorescas es sin duda Thomas von der Osten-Sacken, que escribe no solo para los periódicos *Konkret* y *Jungle World*, sino

también para la prensa conservadora Springer (*Welt*). El 28 de julio de 2006 participó en una manifestación en apoyo de la operación militar de Israel en el Líbano, junto con dos miembros de la CDU (Eckart von Klaeden, diputado y portavoz de política exterior de la CDU/CSU, y Michel Friedmann, exvicepresidente del Consejo Central Judío en Alemania y publicista). En su discurso, elogió a la canciller Merkel (CDU) y, tres días antes, escribió un ensayo sobre la guerra del Líbano en el periódico *Jungle World* titulado «Por qué estoy a favor de la guerra»[40]. El publicista antialemán (antiguo editor de *Konkret* y *Bahamas*) Matthias Küntzel, que todavía militaba en la Liga Comunista (KB) en la década de 1990, también es uno de ell@s. Ha sido invitado a intervenir en varias ocasiones por la Fundación Konrad Adenauer de la CDU. Y el editor de *Bahamas*, Thomas Maul, elogió a la AfD como «la única voz de la razón que queda en el Bundestag» tras un discurso del líder de la facción Gauland el 9 de mayo de 2018 con motivo del aniversario número setenta del Estado de Israel[41].

12. La eficacia del discurso antialemán en la escena de izquierda, especialmente en el movimiento antifascista, tuvo éxito principalmente porque much@s (antigu@s) izquierdistas, comunistas, marxistas, maoístas, etc. se vieron envuelt@s en este cambio de paradigma y, a través de su capital periodístico y de las revistas en las que escribían y publicaban, como *Konkret*, *Bahamas*, *Jungle World* (desde 1997), *iz3w*, *Phase 2* (revista Antifa), parte del equipo editorial de la radio «fsk», pero también en parte en el *Taz* (periódico) y en editoriales como «ça ira» o «Verbrecher Verlag» (con sede en el Mehringhof de Berlín, de tendencia izquierdista). Incluso en la revista autónoma de izquierda radical *Interim*, la portada del n° 550 del 9 de mayo de 2002 estaba completamente cubierta por la bandera israelí. Hoy en día, este tipo de discurso también se puede encontrar en parte en indymedia.de. El artículo «No hay plataforma para libros racistas en las Jornadas del Libro de Izquierda 2024» también fue retirado de allí como ejemplo. El artículo también trataba sobre la editorial «Verbrecher Verlag», que publica libros de

Chaim Noll, quien imparte regularmente conferencias para la AfD (por ejemplo, el 13 de mayo de 2024 ante el grupo parlamentario de la AfD en el Bundestag). «¡L@s judí@s en la AfD son un signo de vitalidad!»[42].

Además, lograron dar el salto a la vida académica, no sin influencia. Seis destacad@s antialemanes, algun@s de l@s cuales también escribieron para *Bahamas*, participaron como ponentes en una serie de conferencias durante el semestre de invierno de 2016/2017, como parte del programa interdisciplinario de investigación sobre antisemitismo del Centro de Investigación sobre Antisemitismo de la Universidad Técnica de Berlín. Algun@s se convirtieron en profesor@s o incluso catedrátic@s en universidades, como Stephan Grigat, profesor de teorías y crítica del antisemitismo en la Universidad Católica de Renania del Norte-Westfalia desde 2022, y el profesor Jan Gerber, investigador de alto rango del Instituto Leibniz de Historia y Cultura Judías-Simon Dubnow. El antiguo editor de *Bahamas*, Samuel Salzborn, llegó incluso a convertirse en comisario de antisemitismo de tiempo completo en el estado de Berlín en agosto de 2020. Este hecho también pone de relieve cómo las posiciones antialemanas han logrado integrarse en el aparato estatal y ahora son ellas mismas las que impulsan el discurso político en nombre del Estado. Y Salzborn tiene una visión clara:

«Las organizaciones de izquierda que difunden hoy el antisemitismo y el odio hacia Israel siguen defendiendo la cosmovisión völkisch del antiimperialismo (...) El antiimperialismo, dirigido principalmente contra Estados Unidos e Israel, representa la ideología marco de la que forma parte integrante el antisemitismo, especialmente en su forma de antisionismo»[43].

Otr@s llegaron a las redacciones de medios de comunicación burgueses, desde *Spiegel* y *Tagesspiegel* hasta *Taz* y el periódico *Die Welt*, del grupo Springer.

13. Debido a la abundancia de publicaciones y a la continuidad de diversas revistas y libros durante

los últimos 35 años, así como a los cambios generacionales que se han producido, en la actualidad existen diversos elementos discursivos y posiciones antialemanes en casi todos los ámbitos de la izquierda radical alemana blanca y entre los movimientos autónomos, antiautoritarios y anarquistas, en diversas formas y manifestaciones. Esto no siempre es uniforme y a menudo es contradictorio, pero siempre está vinculado a ciertos puntos clave que se han descrito.

Esto se aplica a los grupos políticos, especialmente a l@s antifascistas, así como a los centros sociales, antiguas ocupaciones y proyectos de vivienda, y a todo tipo de proyectos de infraestructura dentro de un amplio espectro (desde librerías y editoriales hasta colectivos y cooperativas de trabajador@s). Esto incluye también (aunque varios colectivos utilicen el centro) al conocido centro social «Rote Flora» de Hamburgo, que en una declaración publicada en su página web en octubre de 2024 describe «el 7 de octubre de 2023 como la mayor masacre antisemita desde el Holocausto» y se posiciona claramente con un periódico mural

(«Matar judí@s no es luchar por la libertad») y pancartas («Liberar al mundo de Hamás» y «Contra todo antisemitismo»). Sin embargo, no dice ni una palabra sobre el genocidio en Gaza, la ocupación y las políticas de apartheid de Israel, y mucho menos expresa su solidaridad con l@s palestin@s en su lucha por la libertad.

Y cuando, aunque solo fuera por poco tiempo, se exhibió de forma visible en su fachada la pancarta «No hay mundo libre sin sionismo», nunca se distanció públicamente de ella. *Conne Island*, en Leipzig, va un paso más allá y pide apoyo directo (apoya a Israel y a las IDF) y «voluntari@s para las IDF», a las que describe como «fuerzas armadas que funcionan de manera excelente»[44].

CONCLUSIÓN

Solo recientemente, impulsado y acelerado por las críticas masivas y la mayor visibilidad de las protestas, pero también por los discursos de las comunidades palestinas y migrantes y de la izquierda internacionalista, parece estar produciéndose un lento cambio de opinión y un nuevo giro en el discurso. En Berlín, en particular, la hegemonía antialemana se ha roto hace tiempo, gracias a muchos grupos activistas queer palestinos y migrantes que salen valientemente a las calles a pesar de los numerosos ataques. Queda por ver si esto es cierto o demasiado optimista, y solo el futuro lo dirá. Pero ¿cuáles son las perspectivas?

Un grupo de anarquistas y antifascistas de Berlín escribió en una declaración titulada *Antifa significa Palestina libre* en noviembre de 2024:

«En Alemania, el movimiento por una Palestina libre está siendo atacado por todos lados: por el Estado, por l@s neonazis, por las instituciones, por la sociedad civil alemana, por l@s «ciudadan@s preocupad@s», por l@s liberales y por l@s llamad@s 'antialemanes' (...) Es evidente que existe confusión (por decirlo suavemente) dentro del movimiento 'antifascista' en Alemania. Debemos contrarrestar esto y comprometernos de forma más proactiva con la izquierda radical aquí, a la que pertenecemos. Depende de tod@s nosotr@s lograr el cambio.

Debemos luchar contra todas las formas de racismo, especialmente contra el peligroso y cada vez más tóxico racismo antimusulmán y el odio antisemita en este país[45].

NOTAS

01. Ver: https://etosmedia.de/politik/staatsfein-din-und-staatsraeson/

02. Ver: https://www.untergrund-blättle.ch/-politik/ausland/hans-kundnani-zionismus-ueber-alles-008273.html

03. En francés en el original. [N. del T.]

04. Ver: https://www.untergrund-blättle.ch/po-litik/ausland/hans-kundnani-zionismus-ueber-alles-008273.html

05. Ver: https://jacobin.de/artikel/antisemitis-mus-deutschland-proteste-palaestina-gaza-diskri-minierung

06. Artículo en "972mag.com": "The spiralling absurdity of Germany's pro-Israel fanaticism" (marzo de 2024).

07. Ver: https://jacobin.de/artikel/antisemitis-musbeauftragte-zionismus-israelkritik

08. Ver: https://jacobin.de/artikel/antisemitis-musbeauftragte-zionismus-israelkritik

09. Comunicado de prensa del "Federal Executive Committee of Rote Hilfe e.V." (mayo de 2024).

10. Ver: https://etosmedia.de/politik/staatsrae-son-ueber-alles/

11. Ver: https://jungle.world/artikel/1999/49/-territorium-der-antisemiten

12. Ver: https://www.mdr.de/nachrichten/-deutschland/politik/merz-israel-staatsbuergersc-haft-100.html

13. Ver: https://etosmedia.de/politik/staatsrae-son-ueber-alles/

14. Citado de: Schmid, Bernhard. *Der Krieg und die Kritiker*. P. 15.

15. Ver: Panther und Co. (ed.) Rebellious Berlin. P. 73.

16. Ver: Panther und Co. (ed.) Rebellious Berlin. P. 401.

17. Ver: https://plakat.nadir.org/883/ausgaben/agit883_30_04_09_1969.pdf

18. En: Gerhard Harnloser (ed.) *Kritik*. P. 67-69.

19. Primero, algun@s miembr@s del equipo editorial de *Arbeiterkampf*, organizados en el grupo K, publicaron la cuarta circular en 1992 con el nombre de *Bahama-News*. Solo más tarde se cambió el nombre a *Bahamas*.

20. Jutta Ditfurth, quien también escribió una biografía de Ulrike Meinhof, participó en una alianza en Fráncfort del Meno en 2017 bajo el nombre "¡Nie wieder Judenhass! Am Israel Chai!" [¡Viva el pueblo de Israel!] donde habló junto al alcalde de la CDU, Uwe Becker, y describió al BDS como el brazo diplomático de Hamás. El grupo antialemán "Thunder in Paradise" desplegó una pancarta con la consigna "Palestina, ¡cállate!".

20. Markus Mohr. "The 'anti-German' historiography of radical leftism in the Federal Republic after 1967", en Harnloser (ed.) *Kritik*. P. 279-313.

21. Ver: Harnloser. *The other cross-front, sketches of anti-German deception*. P. 272-279.

22. Banalidades básicas, publicadas en: https://conne-island.de/nf/109/27.html y firmadas por (el 17 de de marzo de 2004): ADF-Berlin, ADKK Baden-Württemberg, AAE-Marburg, AG Antifa at the University of Potsdam, AKA-Leipzig, AMIGA Group Siegen, Anti-German Communists Berlin, Anti-German Kaiserslautern, Antifa Group Weiden Neustadt, Antifa Mainz/Bingen, Antifa Merseburg, Antifascist Action

Ulm/Neu-Ulm, Antinational Group Bremen, Anti-National Nuremberg Antifa [A.N.N.A.], Autonomous Antifa North Frisia [AAN], Autonomous Antifa North-East-Berlin [AANO], A2K2 [western Ruhr area], Bad Weather [Antifascist Group]-Hamburg, Berliner Bündnis gegen IG Farben, BgAA-Alliance against Anti-Semitism and Anti-Zionism-Berlin, Alliance against Anti-Semitism and Anti-Zionism Nuremberg (bgaan), Club 53 [Hamburg section], Desperados Berlin, Gruppe Internationale Webteam [GI], Guppe Morgenthau-Frankfurt am Main, Gruppe Offene Rechnungen-Berlin, Hamburger Studienbibliothek [HSB], Hochschul-Antifa-Hamburg, Initiative Gegen Anti-Semitism North-East Berlin [IGA-NO], Institute for Comparative Irrelevance [Fraktion], Israel Solidarity Bremen, Les Croquembouches-Frankfurt am Main, Liberté Toujours*-Anti-German communist group from Berlin, Marktstube-Hamburg, Mila26-Erfurt, Pankow Antifa Offensive [PAO]-Berlin, Progress [Antifascist Youth] Potsdam, Pro-Zionist Left

Frankfurt, Bahamas Editorial Office, T-34 Editorial Office-Duisburg, Sinistra! Radikale Linke-Frankfurt am Main, Antifaschistische Aktion Ulm /Neu-Ulm, Tomorrow-Leipzig, zur Flaschenpost-Hamburg.

24. Ver: https://antifaberlin.org/ y; https://www.juedische-allgemeine.de/politik/demonstrationen-vor-dem-7-oktober/

25. En una entrevista en: Antifa Duisburg (ed.) (2003) T 34 "Information for the Western Ruhr Area".

26. Esto es, por supuesto, muy problemático: "Porque no tod@s l@s judí@s son sionistas, no tod@s los sionistas son israelíes y no tod@s l@s israelíes son judí@s", citado de Moshe Zuckermann: "Beyond German Reflexes, Summary of Anti-Semitism, Anti-Zionism and Criticism of Israel".

27. Citado libremente de: (2023) "German Anti-Anti-Semitism and Zionism". Scrappy Capy Distro. P. 8 y 23.

28. Ver: https://www.bmi.bund.de/SharedDocs/pressemitteilungen/DE/2023/05/pmk2022.html

29. En *Bahamas*, N° 37, 2002 (Clemens Nacht-mann).

30. Ver también: Moshe Zuckermann: "Beyond German Reflexes, Summary of Anti-Semitism, Anti-Zionism and Criticism of Israel", en: Harnloser (ed.) *Kritik*.

31. Ver: https://oaphalle.wordpress.com/uber-uns/

32. "The Catechism of the Germans", en: (2023) German Anti-Semitism and Zionism. An anthology. Scrappy Capy Distro. P. 20.

33. En 1968, el SDS (Fráncfort del Meno) convocó una conferencia con el lema "Armas para el Vietcong-Lucha contra el terror estadounidense" y, a finales de la década de 1980, la izquierda recogió "Armas para el FMLN" en El Salvador y más tarde para Rojava, pero para una potencia ocupante como Israel, equipada con armas nucleares y fuertemente armada por la mayor potencia militar del mundo, Estados Unidos, se trata de un claro cambio de paradigma para un grupo que se autodenomina Antifa.

34. Ver: https://oaphalle.wordpress.com/2025/08/14/wer-gegen-nazis-kampft-kann-sich-auf-den-staat-nicht-verlassen/

35. Donald Rumsfeld fue secretario de Defensa de los Estados Unidos entre 2001 y 2006 y responsable directo del uso de métodos de tortura contra los prisioneros de Guantánamo y Abu Ghraib (Irak). Entre ellos se encontraban la privación del sueño, desnudar a los prisioneros, el uso de perros y la violación.

36. Citado en: Harnloser. *Die andere Querfront, Skizzen des antideutschen Betrugs*. P. 48.

37. *New York Times*, 29 de julio 2025, "Israeli Far-Right Minister Promotes Plan for Jewish Resettlement in Gaza".

38. Citado en: Bernhard Schmid. *Der Krieg und die Kritiker (The War and the Critics)*. P. 49.

39. Citado en: Harnloser. *Die andere Querfront, Skizzen des antideutschen Betrugs*. P. 208.

40. Bernhard Schmid. *The War and the Critics*. P. 9.

41. Citado en: Harnloser. *The Other Cross-Front, Sketches of Anti-German Fraud*. P. 226.

42. Ver: https://www.youtube.com/watch?
v=73RYAN7xWrk

43. Citado en: Harnloser. *Die andere Querfront*,
Skizzen des antideutschen Betrugs. P. 256.

44. Ver: https://conne-island.de/nf/
221/17.html

45. ver: https://kontrapolis.info/14474/

DEVENIR
Llegar a ser. Sobrevenir, suceder, acaecer.

CALUMNIA | CUADERNOS DE CONTRAHISTORIA

La primera edición de este libro se publicó el día
15 de diciembre de 2025